귀를 열다

차현각 시집

문학의전당 시인선
0294

귀를 열다

차현각 시집

문학의전당

시인의 말

맞지 않는 열쇠를 들고 문을 열어보려고
애태우는 꿈을 자주 꾸었다,
하지만 문 뒤편에 이어진 바다의 모습도 늘 함께였다.

태풍 지나간 자리
이미 가을은 와 있다.

지난밤에도 울다 떠난 것들이 있다.
더 많은 것들이 떠나기 위해 울고 있다.

2018년 여름의 끝자락에서
차현각

차례

제2부

제3부

제4부

제1부

언두

삼거리 마당 깊은 집
저녁 이내 속 양철지붕이 환하다
새 이불 홑청 갈아 씌운 듯
살구나무 아래 꽃그늘이다
바람도 없이 번져간다
어디에 숨어 있었나
상처에서 여린 살 올라오듯
저 빛은 혼자만의 색이 아니다
오래 서성거린 색이다
무심히 때로는 간절히
겹겹이 스민 저 빛깔을
다들 불러내고 싶을 거다
사라진 지붕들처럼
기억의 시간 속에서만 잠깐
속살을 보여주는 저 빛깔을

미나리꽝

삼례 나들목에서 미나리꽝을 본다
지난겨울 살얼음 속에서 상반신만 동동 떠 있던
하얀 파마머리 기억한다
유난히도 새파랗던 미나리 다발 위로
빠글빠글한 은발 사그락거리며
차가운 햇살이 부서져 내렸다

밭에서 돌아오던 작고 흰 그림자
머릿수건 벗어 흙 묻은 바짓단 툴툴 털며
토방에 올라설 때면
섬돌이 먼저 힘겨운 신음 소리 뱉어냈다
밤새 문풍지 떠는 소리가 앓는 소리 같아서
듣기 싫다며 투덜거렸지만
내 불평은 새벽안개처럼 정체가 모호했다

짐짓 서둘러 아침을 먹고 고향집을 나설 때
먼 산 바라보며
다음에 엄마 또 올께요 선소리를 하면

등 뒤에 달라붙던 말
약속하지 마라 기다려진다
하얀 파마머리 부끄럽다며 늘 쓰고 있던 머릿수건
그 속에 감추고 있던 건 무엇이었을까

미나리꽝에 반쯤이나 남은 미나리가
대책 없이 비 맞고 있다

대밭 이모

남향집이다
볕이 들지 않는 한쪽 지붕만 눈을 이고 있다
기우뚱 안간힘 쓰고 있는 집을
우후죽순 대밭이 감싸 안고 있다
한 무리의 작은 새떼들 처박히듯 그 속으로 사라졌다

깜깜하게 숨어든 것들
뱀들의 교미 소리 달빛 조각난 햇살
침묵을 연습하는 새들의 눈물
대밭 이모의 잃어버린 웃음소리

사라져간 것들은 늘 궁금했다
수다스런 봄비가 다녀간 다음날
낯선 사내와 대밭에 들었었다
이제는 누구의 흔적도 찾을 수 없는
그곳에서 죽순이 솟고 있었다
칸칸이 비워야만 도달할 수 있는 어둠의 끝을 향해서

이윽고 새들 한 마리씩
머리에 눈을 인 채 허공을 향해 솟아오른다
보이지는 않았지만 흔적만은 또렷한 길을
어둠 속에 깃들여 눈 밝아진 새들
거침없는 날갯짓이다

대패

그가 대패를 꺼낸다
원고지에 둘둘 말아놓은 대팻날
누렇게 뜬 글자 사이로 날이 낯설다
꽃불을 놓고 천방지축 다니던 시절이었다
봄은 이미 지나갔다 다시
날카롭게 벼려야겠다는 중얼거림은
습관처럼 굳은 지 오래다
말라버린 숫돌에는 이제 돌멩이조차 갈 수 없다
언제일까
흠뻑 적셔진 돌이 다시 피돌기를 시작할 때는
그때는 가슴으로 대팻날을 받아들여야 한다
제 몸 깎아내는 소리를 제 귀로 들어야 한다
무딘 날로는 중심에 다가가지 못한다
자칫 독하게 각을 세우면
날카로운 날에 상처를 입기도 한다
그저 한 생을 살아낸 고단한 나무의 자세로
몸을 내맡길 것이다
스스로를 다 쳐내고 반짝 빛으로 남을 때

그때 비로소 대패에 몸을 실어
사락사락 제 몸 풀어내는 소리 들을 것이다
대팻밥 날리는 소리가 경전처럼 가슴에서 떨어져 내린다
새들의 날갯짓 같은 소리들
그러니까 텅 빈 원고지를 또박또박 채울 때

산벚꽃

저것은 피어나는 게 아니다
화들짝 번지는 것이다 불이 붙는 것이다
철모르는 아이들 웃음소리처럼
세상을 향해 터뜨리는
저것은 눈부신 폭죽이다

정오마다 사이렌이 울어 더 배고프던 칠십 년대,
그 싸한 소리마냥 산벚꽃은 산을 넘어 오는가
이발사의 바리깡이 지나간 머리통에
하얗게 자리 잡던 기계충을 이고
온몸이 굼실굼실해진 아이들
눈부신 햇살 너머 산마루까지 내달리는
환한 꿈이라도 꾸는 것만 같다

혼곤한 꿈처럼 꽃잎들 흩어지면
나도 한 그루 산벚꽃나무,
그러니까 나도 피는 게 아니다
병이 나는 것이다

저 산등성이 어디에선가 후두둑
제 발목에 점점이 흰 눈물 찍으며 서 있는 것이다

귀를 열다

새들이 바빠졌다
미루어둔 답장이 생각나 문득
너를 떠올린다 입맛 찾으라 보내준 쌈장은
고마웠네 얼어붙었던 내 귀도 이제
풀렸다네 직접 담근 건가
반반여
정성이 반 새소리 물소리 스미어 함께
익어간 시간이 반이라고 하던
새들 날아간 동쪽 능선 따라가다가 너의
투박한 말투를 흉내 내본다
반반여의 울림이 멀다
산꼭대기에 있었던 메아리
소리 길었던 우물 깜깜한 어둠 속으로
얼굴을 들이밀고 아아 내보내주었던 소리들
그 소리 생각난 듯 어둑해진 산속을 헤맬 때였나 보다
돌무더기로 메워버린 구멍 속에서
바위를 타고 넘어 휘몰아치듯 들려오던 물소리
갇힌 소리들은 이제 이명으로만 내 귀를 찾아온다

반쪽 내주지 못했던 시간들
함께 섞이어 익지 못한 변명들은 비릿하다
새들은 왜 한꺼번에 날아가 버린 걸까
나무들 가끔 저 혼자서 흔들리는 것은
처박히어 울던 새들의 외로운 그늘 반
우듬지를 가르며 쏟아져 들어오던 햇살 반
기억해두려 함이다
귀를 열어놓은 나무 위로 얹혀진
하루는 가뿐하다
한입 크게 쌈을 싼다

이파리가 흔들리는 소리는

산자락은 아직 풋옥수수를 닮았다
수숫대의 젖 냄새가 어린잎들 받아 키웠다
지난여름의 우울을 기억하고 있는 상수리나무
뿌리가 드러난 채 새잎을 피웠다
옹이 깊어진 둥치에서 해바라기하고 있다
서리서리 감긴 햇살은 이미 한 몸이다
마른 이파리 하나 마지막 여행을 한다
몸을 잃은 가벼움으로 한동안 허공에 머문다
어린잎 쪽을 바라보다 이내 바람에 몸을 맡긴다
우듬지에서 발등까지 시간은 빛이 바래간다
산그늘 눈매까지 어둑해진다
아직 익지 않은 산길을 조심스레 걷다 보면
발아래 지난 잎들의 흔적을 찾다 보면
들판 쪽에서 바람을 밀며 올라오는 소리
누운 수숫대 한꺼번에 일어서는 듯
바람 속에 실려 넘어가는 소리들
맑아진 귓속으로 상수리나무 무성한 이파리들은
풍경처럼 달그랑거리고 있다

자두꽃

집에 가는 저녁
버스가 정류장에 잠시 머문다
삼거리 어귀 조등이 걸려 있는 대문
하얀 꽃그늘이 서늘하다
젊은 아낙이 갔다고 놀라 수근대는 사람들
아이 혼자서 놀고 있는 마당은 지루하다
마당에 드리운 저 빛은 혼자만의 색은 아니어서
저건 자두꽃일 거라고 나는 끄덕인다
검붉은 껍질 속에 하얀 속살을 품고 있는
껍질을 벗기면 지나온 시간들
바코드처럼 붉게 박혀 있는 자두
산고의 흔적으로 가지마다 핏빛 머금었던 나무
그가 품고 있는 단단한 씨앗 하나
차창 너머 아이 웃음소리 들은 듯하다
한여름 햇살도 튕겨낼 실한 나무
단단한 씨앗 품은 자두나무로 자라라고
나이 든 자의 위안처럼
나는 중얼거리고

배롱나무

환한 꽃길 수없이 지나쳤네
야위어 마른 등걸 검버섯 피고
뒤틀린 가지들 미처 보지 못했네
석 달 열흘 지는 듯 다시 피고
피었다가 또 지는 붉은 꽃무리를 보네
바람이 불자
간지럼을 타는 듯 일렁이네

새벽 어스름 속에서 물 길어 올리는 소리
바쁜 손놀림으로 채색하던 빛의 조각들
환하게 열리던 아침
그의 몸에 세 들어 사는 벌레들마저도
일찌감치 일어나야 했네

석 달 열흘 언제 다 보냈나
꽃 진 자리마다 세월의 더께인 듯
모난 뼈마디들 툭툭 불거졌네
뒤틀린 골마다 어둠이 가득하네

가만히 쓰다듬어보네
간지럼도 태워보네
설핏 아버지의 웃음을 본 듯도 하네
흔들리는 배롱나무 가지들
아프게 다가오네

유월

전미동 종점 가는 버스
초록이 손 내미는 길을 멈칫거리며 간다
굽어진 길 돌아서면 멀리 초등학교 보인다
능숙하게 내리막길을 가던 버스
미동도 없이 물속에 잠긴다
철없이 맑기만 한 하늘 재재거리던
새들도 물속에 잠긴다
멀리 종남산 너머 그 너머의 산도
검은 등허리를 조심스레 담그며 누워 있다
넘치지도 부족하지도 않은 찰랑거림
함께 가득한 것들
밀려나오는 듯 다시 되돌아선다
꺼놓은 헤드라이트 속에서 한 무리의 아이들
신호등 불빛을 셈하다가
물속을 달려 마저 사라진다
버스는 이쯤에서 지나온 길 되짚어본다
바람도 비도 아직은 조심스럽다
논두렁을 스치며 버스는 느리게 움직이고

충만교회 옆을 지나치다가 큰 말씀이라도 엿들은 듯
귀를 세운다
넘치지도 모자라지도 않게 찰랑거리는 논물
함께 출렁이며 함께 잠기며 여기까지 온
충만함 아니냐고

애기똥풀

뜬금없는 이름이다
쪼그려 앉아 한참을 들여다보니
작은 꽃잎에 봄이 켜켜로 포개어져 있다

두엄더미 쌓여 있는 시골집 뒷간
똥을 누고 도망치듯 달려 나오는 어린 계집애
할머니의 웃음소리
재로 범벅이 된 똥덩이가 두엄더미 위에 던져지는 소리
하늘도 들판도 재잘거리는 소리로 가득해서
할아버지 지게는 자꾸만 앞으로 기우는데
지게 위 두엄더미 봄볕에 취해 흔들린다

집 근처 밭에서나 가끔 눈길 주던 꽃
텃밭도 우물도 뒷간도 다 사라져
할머니 웃음소리도 사라져
갈 곳 없는 애기똥들 무덤가에 지천이다
비 한차례 쏟아지고 나면
이 봄도 사위어갈 것이다

곡우

산꿩 울음소리
예전에도 저렇듯 절박했나
집 근처 어느 풀숲에서 우는 듯
쫓기듯
때로는 조바심에 동동거리듯
밑바닥에서 끌어 올려져
꺽꺽대는 소리
길었던 시간들에 방점을 찍듯
육십갑자 한 바퀴를 돌아
다시 서 있는
적막한 산꿩 소리
이젠 가까이서 귀를 때린다
가슴 한켠 서늘해진다
모를 심은 지 엊그제인데
늙은이의 잦은 기침처럼
산꿩 울음소리
가깝다

수만리

서둘러 찾아가는 곳
아이가 입속에서 엄마를 궁글리다가
말이 되어 나오기 전 달려가 안기듯
허둥대며 가다 보면 어느새 잠기게 되는 곳
댐이 들어서기 전
까마득한 옛날부터 수만리라 불리었다는 곳
부적처럼 옆구리에 산을 끼고
중얼중얼 안부를 확인하듯 굽은 길을 돌고 도는 곳
오른편 띄엄띄엄 앉은 인가 저 너머 산들은
다가서다 머뭇거리다 또 어느새 눈물처럼 멀어지는 곳
얼마를 더 올라야 내려가게 되는지
잠시 멈추면서 만나게 되는 물줄기
그래 곤두박질치기 위해 서 있는 게 폭포지
좁아진 수직의 길을 아직도
잊지 않았다는 듯 주저 없이 내리꽂히는 곳
그제서야 내리막 외길을 휘청거리며 가는 곳
멀리 깡통난로 굴뚝 위로 흰 연기 가물거리고
난로 속 고구마 익는 소리 먼저 코끝에 달라붙는 곳

저 한쪽 구석진 자리에 등을 보이고 앉아서
아버지가 반은 흘리며 반은 넘기며 고구마와 커피를 드시는 곳
여덟 살에 아버지가 새로 만들어준 지게를 메고
저수지 너머 산으로 나무하러 다니던 시절
나뭇짐을 맨 채 아득해서 일부러 굴렀다는 곳
그 무섭던 아버지는 다친 데는 없냐 한마디를 하고
방으로 들어가 나만 혼자 그렇게 눈물 쏟아질 때
너무 일찍 철이 들었었다고 희미한 웃음을 짓는 곳
짓무른 눈꼽마냥 어눌한 말씨가
낡은 구두에 엉켜붙는 검불 같은 곳
서둘러 찾아가 만나게 되는 곳
물이 많은 곳
수만리 먼 곳

하루

초여름 햇살처럼
도로 위의 차들은 주저함이 없다
약속이라도 한 듯 뒤를 좇아 달린다
내가 따라가는 꽃집 트럭
짐칸에는 조의 화환이 가득하다
화환에 매달린 리본들이 부스스 일어서 아우성을 친다
색색의 저 리본들은 망자의 가슴에
훈장처럼 품고 다녔을 자식들의 명패일까
빛바랜 본인의 명함 한 귀퉁이일까
이왕 가시는 길 내 시름도 다 거두어 가시라고
어머니 영정 앞에서 비손을 하던 고모
울음보다 더 서러워 보이던
마른 손만 같다
신호등에 걸려 멈춰 있는 동안
나는 오늘의 운세를 점쳐본다
모르는 망자에게 문득
극락왕생 하시라 중얼거린다
가로수 가지 사이로 새 한 마리 찾아든다

바람도 없는데 함께 흔들리는 가지들
잠시 후 새는 기다렸다는 듯 날아오른다
남은 가지들 다시 한 번 심하게 흔들리다가
잦아든다 아무 일 없다
신호가 바뀌고 도로 위의 차들은
약속이나 한 듯 다시 속도를 높인다

어느 봄날

일곱 남매의 하루를 준비하던 어머니의 아침은 늘 부산했다 동생들에 밀려 눈치만 살피느라 정지문 옆에 오도카니 서 있으면, 말없이 안아주던 그녀의 몸에선 늘 쉰 밥풀 냄새가 났다 몸빼 벗을 날 없었던 그녀의 야윈 목선이 마른 풀잎 같다고 나는 생각했다

이른 아침 물오른 나뭇가지마다 햇살이 부서지고 한 무리의 새떼들 무슨 의논들을 하는지 제각기 목청을 돋우어 봄 하늘이 부산하다 떼쓰듯 재재거리는 소리, 앙칼지게 짹짹거리는 소리, 어서 서두르라는 듯 다급하게 끊어지는 소리, 한동안 뒤섞인 소리들 분분하더니

어디로들 다 날아가고 마지막으로 휘청이는 빈 가지 하나가 마른 풀 버석거리는 소리로 하늘에 묵화 한 획 치고 있다

제2부

오월

곡소리 하나 없다
지난봄에도 그랬듯이
질펀하게 휘돌아 웃어본다
흐려진 눈으로 보릿대 담배 한 대
보이는 것마다 일렁인다
육신을 모래바람에 누인다
누런 삼베옷이 서걱거린다
죽은 자가 산 자에게 보내는
간절한 문상일까
뒤엉킨 찔레넝쿨마다
하얗게 혼을 내걸고
나룻배처럼 흘러가는 상여

미루나무 이파리가 흔들리며

압록강 가는 길에 꿈은 꾸지 않았다
단동행 관광 유람선을 타고
열세 시간을 요람 속처럼 흔들리며 복사꽃 떨어져 돌아가는
나는 그 길만 생각했다
압록강은 너무 가까이 흐르고 있었다
손 뻗어 닿을 그 거리에 말없이 있었다
강을 사이에 두고 서 있는 미루나무만 할 말이 많은 듯했다
이파리 일제히 손바닥을 뒤집어대자
누군가의 옛 일이라도 생각난 듯 웃음이 나왔다
건너편 강가에서 여자아이 셋이서 빨래를 하고 있었다
종아리까지 잠긴 가냘픈 체구가 병아리 물 먹듯 물속으로 가라앉았다 솟구치곤 했다
비쩍 마른 소 강가에서 한가로이 풀을 뜯고
밭을 일구느라 불을 피운 늙은 부부의 분주한 모습이
멈추어진 화면처럼 느리게 와 닿았다
제 그림자 흔들리는 마음까지도 보일 것 같은, 맑은 강물에 나도 두 발을 묻었다
내 아버지의 훌쩍 큰 키와 내 어머니의 바지런함을 닮아

늙은 가지 끝에 새들의 둥지 품어주며,
눈 밝은 편종 소리 들려주는 미루나무
내 아버지의 아버지의 아버지가 돌아가신 곳
내 어머니의 어머니의 어머니가 품고 계신 곳
부여 은산천 미루나무 둑길을 함께 걷자며 찾아오던 희미한 얼굴들 알겠다
도도히 흐르던 강줄기까지 이어진 한 줄기 길임을
언제나 서성이던 키 큰 나무, 홀로 떨구어져 찾아가 본 미루나무임을
압록으로부터 여기까지 흘러온 물길임을 내가 알겠다

이도백하 지나며

통하 지나 이도백하 건넌다
귀를 열어 송화강으로 이어지는 물소리 엿듣는다
끝이 없을 것 같은 울창한 숲길 어디쯤
산 식구들이 살던 산채가 들어앉았을까
사람 사는 세상을 꿈꾸었던 사내들의 거친 숨소리와
뎅그렁 떨어져 나뒹구는 모가지들
나무 끝에 걸려 차창 밖으로 스쳐간다
하얀 빛으로 멀어져 가는 모습들
다시 돌아보면 절구에 나락 찧는 소리 들리고
젊은 남녀 두 손 꼭 쥐고 달아난다
내 몸이 환하게 열려서
깊은 골 모퉁이 돌아서자 자작나무 모습 드러낸다
말쑥한 하얀 차림으로 쑥쑥 서 있는 나무
백석 시인의 긴 목이
헐렁한 옷 품새 정갈한 마른 모습이 겹쳐진다
장백산 깊은 골에 깃들여 살다 간 사람들을
설핏 풋잠 속인 듯 꿈꾸는 동안
자작나무길 끝이 없다

구름 한 점 없는 명징한 하늘과
자작나무 숲은 서로 경배하고 있는 듯
긴 침묵이다
외롭고 높고 쓸쓸한*

---

*백석, 「흰 바람벽이 있어」 중에서.

사월

저건 꽃이 아니다
터져 나오는 불을 놓듯 번지는
상처 아물어 딱지 내려앉은
새살에 가려움으로 움찔거리는

새끼 떠나고
밥맛도 잃어버린 어미 개밥그릇에
소복한 흰 쌀밥
마당가 마른 개똥 위에 얹혀 있는 손길

벚꽃 흐드러진 봄밤
꽃도 피워내지 못한 살구나무에
목을 맨 사촌언니의 쓸쓸한
웃음 다녀가고
흰 머릿수건 눈 밑까지 내려쓴 고모가
풀 먹인 적삼 냄새와 함께
후두둑 눈물처럼 깊어지는 밤

동네 어귀 고목에 깃든 새 한 마리
혼자 잠 깨어
부리로 땅을 갈아엎듯 콕콕
파란 새순을 잘도 쪼아 먹는다
펴지지 않는 손가락을 웅크린 채
울음인 듯 웃음인 듯

붓꽃

모시옷을 손질했다
풀을 곱게 먹여 널었다
모시옷 즐겨 입으셨던 어머니
이 마음이었을까
설핏 마르면 걷어야지
올을 곱게 매만져서 정성껏 다림질하리라
다짐하는 동안
마당가에 붓꽃이 한창 피고 있었다
햇볕 잠깐 마실 간 사이
누군가 마당을 다녀갔다
하얀 모시 위에 남보랏빛 잉크 자국
몇 번을 들여다봐도 선연한 자국
맨발로 뛰어나가 모시옷을 살펴보았다
누가 흩뿌리고 간 것일까
마당가에 쪼그려 앉아 곰곰 생각했다
움츠린 마음속으로 문득
붓꽃의 작은 봉우리들 일제히 열려
남보랏빛 잉크를 뿜어내며 꽃대가 흔들렸다

그 빛을 듬뿍 머금어
한 점 한 획 붓이 지나간 자리
하얀 모시옷이 그 붓길을
고스란히 받아내고 있었다
숨 한번 들이마시는 순간이었다

고래아이

TV 화면에 비친 고래 한 마리
분홍빛 배를 뒤집으며 뛰어오른다
원을 그리며 물보라를 일으킨다
손주 아이의 웃음소리가 무지개를 쏘아 올린다
지루한 장마가 계속되는 동안 아이는
눈만 뜨면 고래를 찾는다
고래야 고래야 세상에서 제일 예쁜 고래야
밥하고 청소하면서 나도 주문을 왼다
아이가 뛰어놀던 바다 속으로 자맥질해 본다
고래의 흔적을 따라 헤맨 적 있다
고래가 쏘아올린 물보라를 좇아 달린 적 있다
붉어진 눈으로 돌아온 적 많았다
바닷가 몽돌이 몸 씻어내는 소리
수평선 가까이 새들의 날개 접는 소리
내 노래 소리 돌아온다
아이가 깊이 잠들어 있는 동안
고래야 고래야 주문을 외우는 동안
아이의 꿈속이었는지 내 꿈속이었는지

아이와 내가 동시에
빙그레 웃는다

여름

폐타이어 뒹구는 담벼락을 타고
호박잎이 더듬어 올라간다
사이마다 호박꽃 피니
후미진 담벼락도 금세 환해진다
우물 같은 꽃잎 사이로 빠진 벌도 여럿이다
황금빛 꽃가루로 칠갑을 한 채
정신줄 놓고 잉잉대고 있다
꽃 진 자리에는 눈물처럼 매달린
손톱만 한 작은 호박도 있다

생명을 잉태한 여자가 지구의 중심이 되어
기우뚱 우주를 안고 걷듯
꽃 떨어진 자리 배꼽처럼 매달고
세상을 향해 마주하고 있다

갈보리

산티아고에서는 길을 잃는 순례자가 많다는데
간혹 그들을 향해 노란 화살표를 보여주는
성모 마리아가 있어서
다시 제 길을 찾아 걷는다는데
언젠가 장안산 속을 헤맬 때
마주한 절벽 아득한 메아리의 골짜기
설핏 네 길을 가라는 신의 음성이 들려
뒹굴다시피 내려온 산의 초입에서
갈보 교회의 십자가를 마주했을 때
머릿속으로 숱한 잠언들이
섬광처럼 지나갔는데
빈자의 등(燈)을 떠올리며
작은 교회 마당을 지나갈 때
전구가 깨진 마지막 글자를 볼 때
앓니가 빠져나간 듯
시원한 그 자리를 혀로 자꾸 밀어낼 때
타박타박 걸어서 그들 곁에도 반드시 임해야 할
갈보 교회 옛길

우물

할머니 고무신 끄는 소리 들렸다
두레박이 쏜살같이 내려가 첨벙 우물물을 때렸다
물살이 피하면서 몸을 숨기고
두레박은 그제서야 기우뚱 가라앉았다

쪽진 흰머리 풀어 목욕하고
작은 시루에 백설기를 안치는
할머니 손에서 새벽이 왔다
길 떠난 영영 소식 없는 오빠가 돌아올 듯이
가끔은 무슨 조화인지 떡이 설었다
쓰잘 데 없는 년들이 오줌을 싸서 그렇다고
혀를 차던 할머니
조왕신에게 빌고 또 빌었다
나는 동생들과 함께 구석방에서 숨을 죽였다

저승까지 닿아 있는 검은 물길
오빠는 차갑게 식어 돌아왔다
그날 이후 우물이 울기 시작했다

나는 문에 구멍을 내고 숨죽인 채 내다보았다
술에 취한 아버지가 우물가에 앉아 있었다
나는 엎드려 있는 두레박처럼 소름이 돋았다
할머니가 벽에 대고 말을 하기 시작했다

그해 여름 방학 내내
나는 우물가를 맴돌았다
깊이를 알 수 없는 우물의 어두운 눈동자를
나는 오래도록 들여다보았다

백로(白露)

단비가 내린다
드문드문 문패 달고 있는 운암저수지 상류
매운탕 집 마당 너머
바닥을 드러낸 저수지
여전히 휑하다
쪽배 하나 밀려 나와 잡풀에 머리를 박은 채
기우뚱 누워 있다

늙은 부부가 동당거리며
두어 테이블 손님을 받고 있다
한때는 저수지 한가운데
섬이 된 채마 밭으로 쪽배를 밀어
서 말 깨 농사를 지었단다
매달 초사흘 달밤이면
곱게 빗어 쪽진 머리에 흰 저고리를 입은 시어머니가
쪽배를 타고 비손을 하는 모습
여전하다고도 한다

매운탕이 끓기를 기다리는 동안이다
후박나무 이파리 같은 작은 쪽배에 누워본다
물 묻은 바가지에 깨 달라붙듯 그저 복 많이 주시라고
간절히 빌던 소리
내 귓전에도 달라붙는다

비 그치길 기다려
먼 하늘은 벌써 가을이다

물매화

추석이 일주일 앞인데 지리산에 갔다
괜스레 바빠지는 마음에 바람조차 심란해서
거리 곳곳에 쌓여 있는 선물 더미 피하듯 향한
별스러울 것 하나 없는 그곳
작은 암자 인적 없는 마당 귀퉁이에 앉아
풀이라도 뽑아주고 올 심사였다

새벽잠을 설치고 기어이 나선 길
차창을 힘겹게 미는 바람 소리 낮은 풀벌레 소리도 없어
나도 모르게 나를 이끄는 꽃의 파장
깊고도 은근하다는 얘기인데
무심히 지나쳤다가 한참을 되돌아와서 헤맨 자리
길섶 작은 풀꽃들 사이 환한 매화꽃 만났다
풀꽃이 되어 흔들리고 있다

잎은 연잎을 닮아 작은 꽃송이 받들고 있는
때 아닌 매화꽃, 사실은 물매화라는 것을
큰스님이 나중에야 알려주었다

물매화 가만히 불러보면
눈물 그렁한데도 웃고 있는 여자아이가
오래도록 눈에 밟혔다
저리 물러서 험한 세상 어떻게 살겠냐고 혀를 차던
어머니의 목소리가 들리는 듯했다

다시 돌아가면
누군가의 손에 들린 선물 꾸러미처럼 바삐 흔들리다가
나도 어느 깊은 골짜기에 꽃 한 송이 피울 것이다
바람은 게으르고 계곡 물소리 한결같은
그곳

능소화

아버지를 버리고 왔다
행여라도 집을 찾아 돌아올 수 없는
만성동 깊은 골까지 가서였다
돌아 나오는 길은 한참을 멈춰 서서
서로를 기다려줘야 하는 외길이었다
능소화가 한창 피고
지고 있었다

요양원 302호 창 쪽으로 붉어진 얼굴 하나 솟아
아무 상관없다는 듯 툭 목을 꺾었다
목이 말랐다
당신이 좋아했던 막걸리와 족발을 사들고
나는 아무렇지도 않았다
먹고 싸는 것도
말하는 것도 다 잊어버린 그처럼
우리도 그를 잊고 살자고 동생은 말했다
그러자고
그래야 우리가 산다고

가서 족발이나 뜯자고 했다
서로를 외면한 채

왜 이름이 능소화일까요 아버지
능히 하늘까지도 오르는 꽃이어서란다
그렇다면 저렇게 터무니없이 붉다가
스스로 목을 꺾는 이유는 뭔가요

집에서 돌보는 건 방치나 다름없다고
아내가 거듭 말했다
동생은 이미 서너 곳의 전화번호를 찾아놓고 있었다
조용한 시설을 원했던 당신이었다고
나는 스스로를 위로했다

헤성한 흰 머리카락 사이로 주홍빛 꽃물 번졌다
도망쳐 나오듯 서두르며
다음에는 화사한 색깔로 염색을 해드려야겠다고
나는 겨우 중얼거렸다

개심사

군더더기 없이 선명한 11월이다
드넓은 구릉 위로 소떼들 지나가자
바람 한 이랑이 함께 움직였다
은행나무는 저승길이라도 열듯 샛노랗다
그리움도 기도도 다 잊은 채
떨어져 내리는 잎들의 시간만이 아득하다
다시는 볼 수 없는 모습들
사라져간 것들을 찾는 일은 두렵기도 해서
오히려 발아래 환한 꽃길이다
발자국 소리 울려와 마음속에 들어앉을 때에야
보이지 않던 모습들 드러난다
하얗게 늙어 있는 집
굽은 등으로 서 있는 기둥 기울어진 주춧돌
닳은 고무신 코처럼 올라서다 만 추녀
반듯하지 않아서 더 깊은 공간
내가 내쉬는 숨이 구부러진 모서리를 돌아
아무런 부딪힘도 없이 순하게 다시 들어온다
다시 볼 수 없어서 더 뚜렷한 사람

들을 수 없어서 오히려 천지사방 가득한 목소리
명부전 향불 연기에 섞여 흩어진다
녹음기가 무심하게 돌리는 기도 소리
떨어져 쌓인 잎들에 묻혀 잦아들었다가
모퉁이를 돌 때쯤 다시 떠올랐다가
저녁 이내와 함께
잠이 들듯 사라져간다

갈아엎다

낯익은 모습이다
김씨의 마른 다리로는 어림없다는 듯
농수산시장으로 향하는 오르막길
가파르다 짝짝이로 걷어 올려진 바지
낡은 짐자전거에 들쑥날쑥 묶여진 채소박스
멀찌감치 떨어져 따라오는 차들
앞장서서 구호를 외치듯
박스가 흔들리고
차들이 경적을 울리며 재촉하자
바람조차 사납게 기웃거린다
어딘가 또 갈아엎었다는 말
정작 주인이 쳐다보지도 않는 밭 언저리로
새떼들처럼 기웃거리며
널브러진 호박이며 무며 양파들
그중 성한 것들 주워 박스에 담은 김씨
다시 언덕을 오르다
애써 중심을 잡느라 머뭇거리자
놀란 차들이 거듭 경적을 울린다

짐자전거에 산처럼 쌓인 박스를
경적이 밀고 간다

가을도 다저녁이어서

어린 손녀의 손을 잡고 뜰을 거닌다
가을도 다저녁이어서
무리 지어 피어 있는 국화만이 홀로 환하다
이제 제법 말문이 트인 아이는 질문이 많다
눈이 오면 꽃들은 어떻게 살아요?
추워지면 뿌리만 잠을 잔단다
아! 그러니까 씨를 뿌리지 않아도 되는구나
뭘 안다는 듯 아이는 고개를 끄덕인다
쌀쌀해진 바람에 양 볼이 발갛다
그런 날 있을 것이다
흔들리는 뿌리 부여안은 채 울 수밖에 없는
그런 날 있을 것이다
뿌리만 잃어버리지 않으면 되는구나
위안 하나로 견디는 날 있을 것이다
가을도 다저녁이어서
나는 문득 아이의 손을 다잡는다

제3부

늦꽃

사람들 발길 뜸해진 등산로
어제는 못 보았던
작은 꽃대 하나 흔들리고 있다
가녀린 그에게 붙들려 주저앉는다
이름도 없는 꽃
여린 그 꽃이 바람의 무게를 싣고
온몸으로 흔들리고 있다
가장 늦게 피어 맑은 웃음으로
온 산을 깨우고 있다
마음으로 바라보아야
몸을 열고 다가오는 늦꽃
오래전 잃어버린 고향 친구 같다
늦꽃을 위해
가을 햇살이 더 오래 머물렀으면 좋겠다
그 웃음자리 오래도록 환했으면 좋겠다

이 도시에서 가장 낮은 곳

들판은 경계가 없다
한켠에선 누런 벼이삭들
가을볕에 겨워 빛이 바래가고
다른 한켠에선 다 베어낸 환한 논들
정갈하기만 하다
잘린 밑동과 털린 깻대가 함께
누워 말라가고 있다
늙은 아버지의 잔기침도 저랬었구나
바람이 쿨렁이며 몸을 뒤집고
누구의 그림자인지 자꾸만 몸을 바꾼다
주름투성이 골목길 그 그늘 속에 안겼을 때
고구마 자루 쌓아놓은 방구석에 웅크리고 누웠을 때
말소리 어눌했던 친구를 떠올릴 때
한때 목말랐으나 모두 비워내고
이제 꾸둑꾸둑 말라가는 모습
서로의 얼굴 바라보며 함께 늙어가는
내가 사는 아파트 옆에 펼쳐진 들판
이 도시의 가장 낮은 곳은 경계가 없다

먼 길

애기똥풀 보러 간다
어머니 무덤가에 터 잡았다
산기슭 돌아 노랗게 내려앉은 햇살
애기똥꽃 홀로 반갑다
빈방에서 혼자 잘도 놀던 엄마
감추어둔 삭은 꽃
구슬같이 투명한 그것
벽지를 뜯어내고 방 안 구석구석
걸레질을 해도 보이지 않던 것
끝내 어머니 들어내고
장롱도 함께 들어낼 때
그 꽃씨 찾았다
어머니가 거둔
삭은 똥꽃
무덤가에 씨 뿌려
매듭처럼 애기똥풀 피었다

능소화 지고

여름은 이미 갔다
울안에 능소화 심지도 않았는데
그대 어느 하늘을 건너와
나를 기웃거릴까

가끔은 비라도 내릴 것처럼
마른번개 비스듬히 하늘을 가르고
숨죽인 정적 뒤에는 어김없이
멀리서 천둥이 울고

울 밖으로 능소화 줄기 하나
늘어뜨리지 못했다
붉은 입술 가지지 못해
키 낮은 돌담조차 넘어선 적 없다

하늘빛 언저리 숯처럼
타들어가던 노을

먼 길 헤맨 듯 능소화는
제 목을 감아 담장 안으로만 툭툭
스스로 지고 있는데

거미

욕실 창가에 거미줄 걸려 있다
어제는 못 보았는데
밤사이 쳐놓은 게다
삐뚤빼뚤 그려놓은 동그라미 같다
한참을 들여다본다
까만 점처럼 작은 거미 한 마리
지켜보는 걸 알았는지 움직인다
손바닥만 한 거미줄의 둥근 파장
파르르한 떨림이 내 눈썹까지 와 닿는다
저 미물이 밤새워 기어올랐을
깜깜한 어둠을 생각한다

아침 햇살이 비치자
군데군데 치다 만 서너 개의 거미줄
어린것의 눈물이 반짝인다
누군가는 걷어낼 저것
어딘가에서 지켜보고 있을 어미 거미의
불안한 눈길을 느낀다

거미줄이 휘청인다
볼품없이 찌그러져 사라질 그것

내가 눈독 들인 탓이다

조문

우리 집 울안에서 가장
큰 키와 너른 품을 자랑하던 단풍나무
아침부터 큰 소리들이 오가고
놀란 이웃들이 하나둘 모여든다
칭칭 동여맨 밧줄이 좌우로 쏠릴 때마다 함께
기울어지며 한 마디씩 추렴을 한다
쓰잘 데 없이 가지만 뻗지
뭐 먹잘 게 있나 볼 게 있나 땅만 차지허지
경성자원 김 씨의 말이 끝나기도 전
고물 주우러 나가던 황 씨도 목을 빼고 한마디 거든다
그늘까지 간섭해서 올봄엔 옆집
수수꽃다리 꽃도 시원찮았지
포클레인 조 사장이 쐐기를 박는다
뿌리째 단단히 뽑아야 혀
아니면 내년 봄엔 더 무성하게 올라올겨
그나저나 함께 기를 쓰고 용을 써도
별다른 기색도 없이 버티고 서 있는 나무
내 책갈피에 끼워둔 선홍빛 이파리를 기억해내기도 전

마른 톱질 소리 요란하게 한참을 지나가더니
조각난 몸뚱이를 떨군다
종일 목 언저리 서늘하다
내 발자국 자꾸 돌아보며
흘끔거린 날이다

금 간다는 것

깨질 듯 금이 간 찻잔을
버리지 못하고 며칠째 두고 본다
손 안에서 바라보던 세강
한때 잠자리가 날고
풀잎은 누워 흔들리기도 했다고
몸을 불려가던 삶의 군더더기들이
식어가는 체온 속에
더러 잠자기도 했다고

금 간 할머니의 그릇
시골집 부뚜막 위에 항상 놓여져
정화수 담겨지던 낡은 사발
맑은 물은 항상 금이 가서 흔들리고
할머니의 기도 소리는 곧잘
웅얼거리는 넋두리가 되어
같이 흔들리곤 했지

금이 간다는 것

나도 문득 비손을 하고 싶다
함께 흔들리다 스미어 물이 들고 싶다
찻잔 속 실금 가득한 내 얼굴 위로
떠올랐다가 다시 잠기어
스며드는 것들이 있다

경배의 자세

배밭에 들어가 보았다
떨어진 이파리들 이미 한 몸이 되었다
어지러웠던 간밤의 꿈들이
한기를 품은 기억들이
부르르 날 선 모습으로 다가왔다
마른 가지들은 떨며
하늘을 향해 경배하고 있었다
비어 있어서 더 가득해 보이는 나무들
작은 떨림은 큰 떨림이 되고
큰 떨림은 아득히 멀어져 갔다
천형인 듯 물구나무선 채
받들고 있는 그 마음이 아프게 와 닿았다
경건한 의식의 말미인 듯
둥근 얼굴 하나 떠올랐다
소지처럼 타오르듯 붉어졌다가
이내 하얗게 멀어져 갔다
닮고 싶은 마음이 간절했다

황홀한 단절

들판 끝까지 흔적이 없다
아찔해서 눈이 부시다
새들은 제 집을 버리고 떠나갔다
눈이 다시 내렸다
누군가의 온기가 간절했다
희미하게 심장의 균열 소리가 들렸다
그대로 잠이 들었다
돌장승이 보였다
누군가를 기다리고 서 있는 그의
발치에서 함께 서성여 보았다
아무도 내리지 않는 정류장을 향해
낡은 버스는 흙먼지를 날리며 지나갔다
뿌연 차창에 낯익은 모습들 함께 사라져갔다
눈은 쌓이고 다시 쌓였다
산조차 숨을 멈추는 새벽녘
소나무 우듬지가 문득 부러졌다
단절이 황홀하게 빛났다

오월

출근길
영구차 행렬이 앞을 막아선다
새벽길 나선 걸 보니 먼 길 가나보다
조급한 마음은 망자도 마찬가지겠다
내 차도 함께 섞이어 간다
검은 리본을 단 장의차를 선두로
비상등을 깜박이며 뒤따라가는 차량 몇 대
남루하게 정갈하다
바람은 좋고 햇살도 부시다
때를 맞춘 듯 라디오에서 흘러나오는
요한 슈트라우스의 폴카
느린 듯 가빠지고
조용한가 싶으면 꽝꽝 터지는 축포
죽은 자와 산 자의 퍼포먼스
뒹구는 꽃무더기 속에서 만장이 펄럭이고
무대 한 편에서는 목 쉰 새들이 노래한다
이윽고 영구차 행렬은
모퉁이를 돌아 사라진다

멀리 황방산 꽃불도 사위어간다
깜빡거리는 신호등을 눈인사로 남겨둔 채
나는 서둘러 앞차의 꼬리를 문다
오월이 간다

물비린내

추적추적 비 내린다
종일 오겠구나 생각하며 창문을 연다
물큰 물비린내 들어오고
서둘러 창문을 닫는다
코끝에서 어른거리는 비릿한 냄새
개수대를 청소해도
냉장고를 정리해도 사라지지 않는다
저 물비린내의 근원지는 어쩌면
지난여름 찾았던 백운동 계곡인지도 모른다
말라붙은 골짜기에서 헐떡이던 바위들
소나기 다녀가 빗물 스며들자
터진 살 속으로 온기가 돌고 이내
서늘한 그늘을 드리웠다가
작은 물고기들 태자리마냥 그 가슴 파고들어
바위의 젖을 빨았다가
세상의 비린 것들 여리고 힘없어
고꾸라지듯 땅속으로 스미는 것들
나도 한껏 안아주고 싶어서

젖이 돌듯 젖멍울이 아려온다
마당 한켠에 심어놓은 고추 모종
움찔거리며 제자리를 잡는다
이 비 그치면
고춧대 단단히 세워줘야겠다

장마

장맛비 보름 내내
낡은 처마 위로 쏟아졌다
병실의 어머니는 한사코 집에 가겠다고 우겼다
시골집 소가 우는 소리를 들은 듯했다
통째로 벗겨진 초가지붕 위로
새까맣게 올라앉은 짐승들
두려운 눈들 나를 깊이 쳐다보다가
불어난 물살에 휩쓸려 사라졌다

찢긴 꽃봉오리 마당 가득하다
영문도 모른 채 서로 엉키어
밤새 퍼붓던 비바람 견디었다
환한 햇살 아래
이름 없는 꽃들 뜯겨나간 자리
고요하다

화창한 날씨는 불안하다
무슨 전조처럼 툭툭 신호음이 울린다

기억해내려는 듯 허공을 두드리는 손가락
찢어진 하늘 사이로 다시
기억이 나를 찾는다

우람이 생각

첫 출전이라고 했다
뒤엉킨 뿔에서 피가 흘렀다
발굽 빠지도록 버티고 선 뒷다리 사이로
생똥이 흘렀다
밀리지 않으려고 안간힘을 쓰더니 어느 순간
뒤를 보이며 고개를 묻은 채
모래판을 뛰쳐나갔다

큰아버지가 청도에서 사왔다는 싸움소
세 살배기 우람이
그 어린 게 돌아서는 순간을 어떻게 알았을까
이후로 다시는 싸움판에 기웃거리지 못했다

기선을 제압하듯 질러대는 날 선 소리들이
귓전에 윙윙거렸다
모든 울음이 우람이의 울음이었다
들녘 곳곳으로 어수선한 바람이 불었다
깃대에 매달린 휘장들은 제 얼굴을 때리며 발을 굴렀다

시름시름 앓더니 빈 여물통만 남긴 우람이
나는 애꿎은 손톱만 물어뜯었다

고요의 파문

강둑에 나갔다
가을걷이는 진즉 끝나
들에는 바람도 없고 인적도 끊겼다
청둥오리들 물살에 저를 맡긴 채 떠 있다
사선으로 길을 내며 두 마리가 다가왔다
서로에게 길을 묻더니 이윽고
나란히 한 길을 만들었다
길을 따라 물결이 잔잔하게 흔들렸다
머리 위로 낮게 뜬 구름 몇 장
날카로운 울음소리처럼 강을 건너갔다
나는 흔들리지 않으려 꼿꼿하게
허리를 펴보지만 물속의 갈대가
먼저 흔들리고 있다
둑 아래 보이는 탱자나무 집
서슬 퍼렇던 가시들은 어디로 갔나
노랗게 여윈 탱자들 이제야 얼굴을 내밀었다
청둥오리 한 쌍이 만들고 간 물 위의 길
흔들리는 내 눈빛처럼 물결이 물결을 밀어내어

흔적 없이 사라진 길의 경계를
속으로 가만히 그어보았다

한식

꽃구경 가듯 성묘 가는데, 갓 피기 시작한 진달래가 자꾸 발길 더디게 한다 늦은 걸음 나무라듯 산짐승이 먼저 다녀간 듯 봉분 파헤쳐져 있다 땅을 고르고 잔디 뒤집어 밟아주다가 아기 웃음소리 같은 노란 꽃, 그제서야 눈에 띈다 쪼그려 앉으니 제 작은 얼굴 더 보여준다 꽃잎 잔잔히 흔들리더니 기어이 주저앉게 만든다 둘러보니 애기똥풀 지천이다 일렁이는 꽃무리 양지쪽 봉분을 향한 채 맑은 웃음 쏟아낸다 내 잔기침 소리에 마음이 쓰였나, 헐렁해진 옷 품새가 안쓰러웠나, 잔잔한 몸짓이 내 몸 가득 온기를 채워준다

제4부

멸치

어머니 자다 깨어 멸치를 깐다
내가 오줌이 마려워 잠깐 잠을 깨면
멸치대가리 떼다 말고 꾸벅꾸벅 졸고 있다
어머니 토막잠 속으로
얼마나 많은 멸치들이 몰려들었을까
유영하는 멸치 떼에 놀라
화다닥 잠깨어
생각난 듯 다시 멸치를 까는 어머니
까맣게 타버린 멸치 속을 떼어내며 쓴 침을 삼킨다
한숨처럼 억지로 끌어안는 잠
형체를 알 수 없는 두려움은 이미
새까만 멸치 떼가 되어 어디론가 몰려가고
다시는 잠들지 않을 것처럼
멸치 상자를 끌어당기는 어머니

이제는 나도 자다 깨어 멸치를 깐다

왕궁 가는 길

그리 먼 길은 아닙니다
1번 국도를 따라 삼례로 이어지는 길입니다
그 길에서 만나는 삼례는 시골집 누이마냥 정겹습니다
해찰하듯 들판을 걷다 보면 어느새
왕궁*이 와 있을 겁니다 처음에는
낯선 축사 냄새에 코를 틀어막기도 하지만
여기가 바로 왕궁인걸요
삼례에서 세 가지 예를 갖추어보기도 전에
들어선 길은 가슴이 먼저 아련해집니다
이곳에 왕궁이 있었을까요
화사한 개복숭아꽃만이 철없이 흔들리고 있습니다
이곳의 이름이 너무 커서 천형을 받았다고도 합니다
하지만 닭똥냄새 돼지똥냄새가 형벌일 수는 없겠지요
봄 들판에 거름지게 메고 기우뚱 걸어가던 모습들
눈이 부시던 그 좁은 논길이 돌아보니 바로
왕궁으로 가는 길이었습니다
기다란 성벽을 끼고 차락차락 치맛자락 끌며 걸어가는
삼례를 정말 만나도 길을 묻지는 않으렵니다

정갈한 배추밭 모서리 대추나무 서 있는 풍경입니다
왕궁 가는 길엔 늘 안개가 끼지만
이 속에서 코를 킁킁거리며 길을 잃어도 좋겠습니다
어느 골목을 들어서도 그 언저리 그 들판이니까요
고향 같아서 낯선 골목 한없이 걸어 올라갑니다
골목 끝날 때쯤 비스듬한 대문 밀고 들어서면
정갈하게 닦은 마루 위에서 아버지와 어머니가
소박한 밥상을 마주하고 있을 겁니다
왕궁 가는 길 그리 먼 길은 아닙니다

* 왕궁: 전북 익산시 왕궁면. 왕궁면은 호남고속도로와 1번 국도가 통과하는 호남 최초의 관문이며 삼한시대 마한의 옛 궁터로 왕궁리 5층 석탑 등 많은 유적을 보유하고 있다.

시린 발

TV 홈쇼핑에서 부츠를 팔고 있네
문득 팔순 이모의 처녀 적 발목이 생각나네
그때 우리는 뽕뽕이 가교를 건너고 있었네
짧은 치마 아래로 이모의 하얀 다리가 눈부셨네
이모와 함께 가면 따라오던 눈길들도 나는 즐거웠네
가교 위로 소달구지도 건너고 보따리장수도 건너고
술 취한 영감도 더벅머리 총각도 모두 흔들흔들 건넜네
발아래 삼단같이 흐르는 강물이 아찔했네
이모의 뾰족구두 한 짝이 구멍에 걸려 벗겨졌네
시원한 듯 홍얼거리며 떠내려가던 빨간 구두
이모가 울었고 나도 따라 울었네
파란 하늘이 내려와 슬며시 웃었네
흰 물살도 배를 뒤집으며 웃기 시작했네
종이배 하나 쏜살같이 멀어져갔네
이모의 시린 발이 생각나 밍크 부츠를 주문하네
화면 속의 여자는 얼음장인 발에도 땀이 날 거라며
하얀 털을 눈처럼 날리고 있네
이모에게 전화를 하네

갈대숲이 있고 물굽이 순한 곳
어린 물고기와 함께 수초 언저리에서 살고 있을 구두 한 짝
돌돌돌 물소리에 저를 안고 있겠네
이모와의 수다는 끝날 줄 모르네

갈대와 억새 사이

억새 보러 갔다, 길을 물어
아니 갈대 보러 갔다
억새인지 갈대인지 구별하러 갔다
한내천 뚝방 따라
제 안의 실타래를 풀어놓은 듯
하얀 뭉치들 무리 지어 있었다
억새인지 갈대인지 함께 모여
고개 끄덕이고 있었다
누구에게 물어 억새와 갈대를 구별하나
물 위에 흔들리는 강 건너 세상이
새삼스러웠다
억새인지 갈대인지
더 이상 물어볼 사람 없는 나 때문에
함께 피어 있느냐고
억새인지 갈대인지 바람 소리도 없이
나를 흔들었다 마른 몸을 서걱거리며
억새인지 갈대인지
내게 두 발을 더 깊이 묻으라 했다

잠시 억새였다가 다시
갈대가 되기도 하며 내가 내게 물었다
강 건너 세상을 향해 빈 껍질로 서성이는 갈대인가
차마 건너지 못하고 강가를 서성이며
철없이 흔들리는 억새인가

봄날 간다

왕벚나무 아래 벌레집을 보네

오래된 노트 속 메모처럼 숨은
글자들이 까만 눈동자를 빛내고 있네
차량들 쏜살같이 지나가는 길
꽃향기 흩어지네

취했는가 핑하니 글자들이 흐려지네
애벌레가 되어 꿈틀거리다가
수만 마리 나비 떼로 날아오르네

떨어져 내렸던 꽃잎들 다시 솟구쳐 오르네
벌레집 속의 까만 눈들 잠들지 못하네
왕벚나무 아래 한참을 서성이며
떨어져 내리는 꾸지람 다 들었다고 적혀 있네

어느 꿈속에서
윙윙거리는 날갯짓 이명처럼 안고 살았는가

벌레집에 매달린 변명이
떨어질 듯 흔들리고 있네
너에게 가는 길이 어찌 내 마음만이겠냐고

시클라멘

겨우내 꽃을 피웠다
무심한 눈길이 서운하기도 했겠다
위로만 향하던 마음을 이제는 버리겠다고
앞뒤 좌우도 없이 가지를 마구 부러뜨렸다
몸살을 앓던 푸른 이파리는 야위어
종잇장처럼 검불로 매달려 있다

춥고 시린 날들이었다
꿈속에서조차 가장 두렵던
깜깜한 발아래 허당
그러나 시클라멘 연약한 꽃대궁들
허당을 딛고 서서
한 생을 버티고 있다

외딴집 작은 창을 적시는 알전구 불빛이
십리 밖 차가운 어둠까지 불러들이듯
잔설 남아 있는 마당가 매화 가지 위까지
벌어진 그 꽃잎들 환하다

콩나물 기르기

작은 시루에 콩을 안친다
오며 가며 생각날 때마다 물을 준다
까만 천으로 덮어놓은 물음들
봉긋봉긋 올라온다
비릿한 바람이 서성인다
흩어졌던 뼛조각들 다시 맞추듯
허리를 곧추세우는 줄기들
마침내 콩이 눈을 떠
세상을 향해 고개를 내민다
콩이 자라서 벗어놓은 껍질
고무신처럼 매달려 있다
시루의 천을 걷고
오래도록 들여다본다
멍석 위에서 다발을 두드리던 마른 손
사방으로 튀어 달아나던 콩알들
붙잡으러 가던 할머니 발에서 자꾸만
벗겨지던 낡은 고무신
그 안에 다 들어 있다

기억한다는 것

핸드폰 속 사진을 뒤적인다
지우지 못해 멈추어버린 시간들이다
의미 없는 기록들과 사진을 짜 맞춰본다
엄마 기일쯤이었을까 사진 앞에서
내 기억은 두서가 없다
벚꽃 만개한 계절이었다고
꽃들은 너무 환하게 피어서
슬퍼할 겨를도 주지 않았다고
고개를 끄덕인다
사진 속의 벚나무는 가지가 다 잘린 채
둥치만 남아 있다 맨살을 뚫고 나온 듯
꽃송이들 그곳에 다글다글 매달려 있다
젖을 빨듯 매달린 그것들이 그때
내게 무슨 말을 했었는지 기억나지 않는다
가지가 잘린 채 힘겹게 피워낸 꽃들이
말라버린 젖가슴에서 응어리 터지듯
툭툭 불거져 나온 색색의 꽃잎들이
몸통에서 간간히 흐르는 눈물이

엄마의 모습 같았는지 기억나지 않는다
언제쯤 초록색 나무 대문과 우물가에서
또는 줄기 무성하게 드리운 벚나무 아래
함께할 수 있는지 있기는 한 건지
억지 쓰듯
기억을 기억한다는 것은

그들이 사는 곳

숨어들듯 걸어 내려가는 곳
삐걱거리며 낡은 벨트 돌아가는 소리
엇박자의 서늘한 울림에 놀라
흠칫 나를 바라보게 되는 곳
이미 늙은 아들과 그보다 더 늙은 어미가
떡살을 빻고 방아를 찧고
꽃게처럼 붉어진 손으로 떡을 배달하는 곳
방아 찧는 소리처럼 모자란 듯 빈틈이 없는
그들이 살고 있는 곳
가끔은 수돗가에서 떡쌀을 씻던 어머니가
들리지도 않는 말을 쉴 새 없이 고시랑거리는 곳
숨구멍까지 틀어막힌 듯 묵묵부답이던 아들
말없이 계단을 올라 사라지기도 하는 곳
잘려나간 손가락처럼 절대 돌아올 리 없는
여자라도 찾아 헤맨다는 듯
어느새 돌아와 붙박이처럼 다시 서 있는 곳
손님도 제자리를 찾아 앉아 조용히 기다리는 곳
어쩌다 눈이라도 마주치면 마치

다 알고 있다는 듯 집게손을 마주쳐
냅다 박수 한번 치기도 하는 곳
나도 가끔은 일없이
뚜벅뚜벅 걸어 내려가 가만히 앉아 있어 주는 곳

가족

닫혀 있는 방문 위에 오래된 액자 하나
빈집을 지키고 있다
퍼즐 맞추듯 끼워 넣은 낡은 표정들
늘어진 하루가 사진틀 위에 내려앉는다
사진은 중심에서부터 번지듯 하얀
그림자를 드리웠다
다시는 볼 수 없다는 표식 같다
매번 달랐던 막내고모의 옆자리
낯선 남자의 웃음이 매달려 있다
가을 햇살 속에 갇힌 채 웃고 있는 가족
흩어진 그림 조각을 맞춰본다
사진 속 서로의 자리는
선명하지 않은 기억으로만 남아 있다
가족사진 액자 하나
보물단지인 양 품고 살던 늙은 부모
함께 기울어가던 낡은 집들은
다 어디로 갔을까

봄날

복사꽃 핀 언덕에서
따뜻한 술 한 잔 기울여 보자던
저수지 뚝방의 밤 벚꽃 아래
그늘 한 자리 마련하자던
향교 은행나무 너른 품처럼
구겨지지 말고 살자던
내던져진 전화기 같은 약속들
진저리를 치듯 꽃은 또 피었다가
이내 또 지는데
허둥대는 바람인 듯 웅얼거리는 소리
귀지처럼 달라붙은 흔적들
꽃 진 자리 이제
아문 상처로 둥글어지는데
말라붙은 자궁에 다시 생리혈이 돌듯
봄볕은 자꾸 달아나는데

백년의 기억

옻순을 따 먹는 사슴을 보았다
그의 뒷발이 길게 늘어났다
가지 사이를 헤매는가 싶더니
낙숫물 떨어지는 소리를 내며 순을 땄다
그의 머리도 함께 꺾이며 소리를 냈다
잠깐 사이 옻순을 음미하듯
무언가를 기억해낸 듯 자주 고개를 주억거렸다
낯익은 산길인지
옻순의 맛을 못 잊어 산 아래로 내려왔다가
다시 돌아가는 뒷모습을 보았다
사슴이 흘리고 간 순을 한 잎 씹어보았다
달큰하고 비릿했다
저렇게 지친 발자국 끌고 돌아가 혼곤한 잠에 취해 백년
항문에서부터 올라오는 스멀스멀한 두려움
옻순의 기억으로 되돌리기까지 또 백년
순이 움터서 가지와 한 몸이 되기까지
농익은 기억들 하얗게 사위길 기다려 다시 백년
기억의 시작점은 옻순일까

피딱지 내려앉도록 긁고 난 후 잠깐의 나른한 휴식일까
가려움이 기억을 불러낸다
기억이 가려움을 끌고 다닌다

연리지

태고사 마당 한 편
한 몸 이룬 은행나무 두 그루 있네
가지마다 간지럼 타듯
웃음이 가득 달려 있네
그 나무 아래서 나는
한 몸의 사연이 궁금해지네
밑둥치는 서로에게 등 돌려
생뚱맞은 듯 서 있었네
그러다 서로의 상처가 안쓰러워
제 줄기를 서로에게 기대기 시작했네
상처와 상처가 만난 자리
처음에는 몸을 비틀어 외면하기도 했던 자리
더 깊은 상처로 아프기도 했던 자리
마침내 한 몸을 이루었네
나무가 들려준 이야기 뜰에 가득하네
핑그르르 솟구쳐 오르다가
홍얼거림처럼 다시 내려앉는 이파리들
합장한 봉분처럼 수북하네

영감 곁에 묻히고 싶지 않다던 할머니
은행잎 봉분 아래
한 베개에 나란히 누워
함께 잠들어 있네

경계에서

두려움 가득한 그곳
침묵의 깊이를 가늠해본다

다른 길은 진정 없었던가

이제, 겨우, 서로에게 다다랐을 뿐인데

가까이 발을 옮겨 딛다가
안도인 듯 후회인 듯

독해 불가능한
긴 문장만 가슴에 품고

해설

귀를 여는 힘

—차현각 시집 『귀를 열다』

강연호 시인·원광대 교수

1.

세월은 지나온 자에게만 세월이다. 청춘에게 세월의 무자비한 폭주를 아무리 경고해봐야 쇠귀에 경 읽기이거나 고지식한 잔소리로 간주될 뿐이다. 세월은 앞으로 가늠하는 개념이 아니라 뒤로 돌아보는 개념이다. 아직 오지 않은 미래의 날들을 셈하는 것은, 미안하지만 대책 없는 낙관주의자의 장밋빛 환상일 뿐이다. 한 치 앞도 못 보면서 우리는 잘도 세월에 속아 넘어간다. 세월은 어어, 하다가 속절없이 지나친 뒤 그저 돌아보게 할 뿐이다. 그래서 세월은 때로 무기력한 하소연일 수도 있고 때로 가슴 치는 회한일 수도 있다. 어떤 경우이든 지나온 자는 이미 지나온 자로서 세월 앞에 겸손해질 필요가 있다. 세월은 결코 불가역적이어서 누구도 거슬러 돌이킬 수 없다.

다행스러운 것은 그렇게 지나온 세월에도 힘이 있다는 사실이다. 연륜이라는 말은 아무렇게나 쓸 수 있는 말이 아니다. 그런 세월의 힘을 잘 보여주는 말이 바로 이순(耳順) 아닐까. 어감으로만 보면 이순은 순한 말이다. 그러나 말이 이순이지 누구나 이순에 이르는 것은 아니다. 공자께서 자신의 삶을 돌아보며 불혹과 지천명, 이순 등을 언급하셨던 것[四十而不惑 五十而知天命 六十而耳順]은 단순히 나이를 가리키려고 한 말이 아니었다. 후대 사람들이 그것을 그저 나이의 지칭으로 막무가내 가져다 썼을 뿐이다. 귀가 순해지는 일쯤이야 누구나 할 수 있는 거 아니냐고 반문할 수도 있겠다. 세상의 유혹을 물리치는 일이 오히려 지난해 보일 수도 있겠다. 하지만 세상의 유혹을 견디는 것보다, 혹은 하늘의 이치를 아는 것보다, 정말 어려운 것은 역시 귀가 순해지는 일이라는 것을, 다들 뒤늦게 깨닫게 된다. 다만 그만큼의 세월을 지나와야 하지만 말이다. 세월은 역시 지나온 자에게만 세월인 것이다. 그러니 이순은 무서운 말이다. 이순은 지엄한 말이다. 귀가 순해진다는 것은 그렇게 어려워서, 육십갑자가 되어서야 겨우 터득하게 되는 세상의 이치라는 것을, 일찍이 공자께서 경계하셨던 것이다.

차현각의 시들은 귀를 열어 세상의 소리를 듣는다. 시집의

표제로 『귀를 열다』가 내세워진 것은 우연이 아니다. 시를 포함하여 세상의 모든 글쓰기는 결국 삶에 대한 사유의 시작이자 결과라고 할 수 있다. 어떤 사람들은 사유가 먼저라고도 하고, 또 어떤 사람들은 글쓰기가 먼저라고도 한다. 둘 다 의미가 있겠지만, 사유를 먼저 앞세운 글쓰기보다는 쓰는 동안 사유를 키워나가는 글쓰기가 더 특별해 보인다. 물론 쓰면서 사유를 키워나가려면 그만큼의 공력이 필요하다. 그 공력은 역시 삶에 대한 연륜에서 비롯된다. 차현각의 작품들은 이처럼 세월에 농익은 연륜을 바탕으로 하여, 쓰면서 사유를 키워나간 작품들로 읽을 때 그 진면목이 드러난다. 그리고 그의 사유는 귀를 여는 감각으로부터 비롯된다. 귀를 열어 세상을 듣는 것, 귀를 열어 세상의 이치를 깨닫는 것, 차현각의 시세계는 귀를 여는 감각이 우선 두드러진다.

새들이 바빠졌다
미루어둔 답장이 생각나 문득
너를 떠올린다 입맛 찾으라 보내준 쌈장은
고마웠네 얼어붙었던 내 귀도 이제
풀렸다네 직접 담근 건가
반반여
정성이 반 새소리 물소리 스미어 함께
익어간 시간이 반이라고 하던

새들 날아간 동쪽 능선 따라가다가 너의
투박한 말투를 흉내 내본다
반반여의 울림이 멀다
산꼭대기에 있었던 메아리
소리 길었던 우물 깜깜한 어둠 속으로
얼굴을 들이밀고 아아 내보내주었던 소리들
그 소리 생각난 듯 어둑해진 산속을 헤맬 때였나 보다
돌무더기로 메워버린 구멍 속에서
바위를 타고 넘어 휘몰아치듯 들려오던 물소리
갇힌 소리들은 이제 이명으로만 내 귀를 찾아온다
반쪽 내주지 못했던 시간들
함께 섞이어 익지 못한 변명들은 비릿하다
새들은 왜 한꺼번에 날아가 버린 걸까
나무들 가끔 저 혼자서 흔들리는 것은
처박히어 울던 새들의 외로운 그늘 반
우듬지를 가르며 쏟아져 들어오던 햇살 반
기억해두려 함이다
귀를 열어놓은 나무 위로 얹혀진
하루는 가뿐하다
한입 크게 쌈을 싼다

—「귀를 열다」 전문

무엇이 화자의 "얼어붙었던 귀"를 풀리게 하는가. 작품 속에서 '너'가 직접 담가 보내온 쌈장은 화자에게 깊은 울림과 반향을 불러일으킨다. 정작 쌈장의 주인은 투박한 말투로 "반반여"라고 응답할 뿐이지만 말이다. 정성이 반, 새소리 물소리 스민 시간이 반, 그렇게 반반이란다. 얼핏 심드렁하고 투박해 보이지만, 그래서 더욱 속정이 깊게 느껴지는, 이 구수한 사투리의 답변은 화자의 귓전에 내내 머문다. 심지어 혼자 그 말투를 가만히 흉내 내게도 한다. 그렇게 반반이라는 소리의 울림은 확산되고 증폭된다. 그래서 "나무들 가끔 저 혼자서 흔들리는 것은/처박히어 울던 새들의 외로운 그늘 반/우듬지를 가르며 쏟아져 들어오던 햇살 반/기억해두려 함이다"라는, 아름답고 수일한 이미지를 낳는다. 이처럼 귀를 열어 세상을 듣는다면 그 하루가 어찌 가뿐하지 않겠는가. "반반여"라는 투박한 말투와 함께 지인이 보내준 쌈장을 얹어 한 입 크게 싼 쌈이 그야말로 입맛을 돋울 테지만, 물론 입맛보다 중요한 것은 화자의 얼어붙었던 귀를 풀게 하는 마음 씀일 것이다. 정성이 반, 시간이 반이라는, 반반여의 투박하지만 깊은 속정과 배려가 담긴 말투가 화자의 감각을 일깨운 것이다.

낯익은 모습이다

김씨의 마른 다리로는 어림없다는 듯

농수산시장으로 향하는 오르막길
가파르다 짝짝이로 걷어 올려진 바지
낡은 짐자전거에 들쑥날쑥 묶여진 채소박스
멀찌감치 떨어져 따라오는 차들
앞장서서 구호를 외치듯
박스가 흔들리고
차들이 경적을 울리며 재촉하자
바람조차 사납게 기웃거린다
어딘가 또 갈아엎었다는 말
정작 주인이 쳐다보지도 않는 밭 언저리로
새떼들처럼 기웃거리며
널브러진 호박이며 무며 양파들
그중 성한 것들 주워 박스에 담은 김씨
다시 언덕을 오르다
애써 중심을 잡느라 머뭇거리자
놀란 차들이 거듭 경적을 울린다
짐자전거에 산처럼 쌓인 박스를
경적이 밀고 간다

—「갈아엎다」 전문

「갈아엎다」는 공들여 기른 농작물을 한순간에 갈아엎어버리는 일에서 출발한다. 하지만 정작 시인의 시선은 그 일의

무망함과는 다른 방향을 향하고 있다. 원래 갈아엎는다는 말은 사전적으로 그저 '땅을 갈아서 흙을 뒤집어엎다'는 의미를 갖고 있다. 하지만 우리네 세상에서 이 말은 그동안 공들여 기른 농작물의 수확을 일순간에 포기하는, 그래서 안타깝기 그지없는 상황을 뜻하는 말로 쓰이기 시작한 지 오래다. 거두는 인건비조차 나오지 않는다면 농작물은 그렇게 갈아엎을 수밖에 없을 것이다. 그런데 이 작품은 갈아엎는 행위의 기막힌 상황에 초점을 맞추는 데 그치지 않고, 오히려 거기서 냉정하게 비켜서 있다. 어떤 사람은 농작물을 갈아엎지만, 또 어떤 사람은 그 갈아엎은 밭에서 그중 성한 것들을 주워 담기도 한다. 이때 주목해야 하는 것은 그 행위에 대한 규범적 판단을 성급하게 내리지 않는 태도라고 하겠다. 만약 어떤 판단을 결론으로 제시하려 했다면 그저 범박한 작품에 그쳤을 것이다. 이 작품은 그러한 판단에서 비켜서면서 오히려 사유의 깊이를 얻는 데 성공하고 있다. 김씨의 낡은 짐자전거가 오르막길을 오르느라, 자동차들이 속도를 내지 못하고 줄줄이 뒤따르며 경적을 울려 재촉하는 풍경은, 갑자기 전도된다. 어찌 보면 김씨의 채소박스들이 앞장서서 구호를 외치고 차들의 경적이 뒤따르는 모습 같기도 하고, 또 어찌 보면 짐자전거의 힘들고 가파른 오르막길을 차들의 경적이 함께 밀고 가는 것 같기도 하다. 이 작품 역시 귀를 열어 소리에 집중하는 감각의 정도가 두드러진다.

그가 대패를 꺼낸다
원고지에 둘둘 말아놓은 대팻날
누렇게 뜬 글자 사이로 날이 낯설다
꽃불을 놓고 천방지축 다니던 시절이었다
봄은 이미 지나갔다 다시
날카롭게 벼려야겠다는 중얼거림은
습관처럼 굳은 지 오래다
말라버린 숫돌에는 이제 돌멩이조차 갈 수 없다
언제일까
흠뻑 적셔진 돌이 다시 피돌기를 시작할 때는
그때는 가슴으로 대팻날을 받아들여야 한다
제 몸 깎아내는 소리를 제 귀로 들어야 한다
무딘 날로는 중심에 다가가지 못한다
자칫 독하게 각을 세우면
날카로운 날에 상처를 입기도 한다
그저 한 생을 살아낸 고단한 나무의 자세로
몸을 내맡길 것이다
스스로를 다 쳐내고 반짝 빛으로 남을 때
그때 비로소 대패에 몸을 실어
사락사락 제 몸 풀어내는 소리 들을 것이다
대팻밥 날리는 소리가 경전처럼 가슴에서 떨어져 내린다
새들의 날갯짓 같은 소리들

그러니까 텅 빈 원고지를 또박또박 채울 때

—「대패」 전문

목수의 대패질에 빗대어 글쓰기의 지난함을 제시하고 있는 작품인데, 여기서도 귀를 열어 소리에 민감하게 반응하는 시적 상상력이 펼쳐진다. 작품 속에서 '그'의 대패는 어느덧 무뎌지고 굳은 지 오래다. 당연하게도 무딘 날로는 중심에 다가가지 못하며, 자칫 상처를 입을 수도 있다. 한 마디로 "봄은 이미 지나갔다"고 한다. 물론 진짜 대패질이 아니라, 대패질에 빗댄 글쓰기의 어려움에 대한 얘기다. 그렇지만 언젠가 "원고지에 둘둘 말아놓은 대팻날"을 꺼내 "텅 빈 원고지를 또박또박 채울 때"를, 누군들 기다리지 않겠는가. 다만 그러기 위해서는 세월이 필요하다. 그러니까 "그저 한 생을 살아낸 고단한 나무의 자세로/몸을 내맡길" 줄 알아야 한단다. 그래야 비로소 "대팻밥 날리는 소리가 경전처럼" 들리고 "새들의 날갯짓 같은 소리"가 들릴 수 있단다. 이것이 바로 "텅 빈 원고지를 또박또박 채울 때" 들을 수 있는, "사락사락 제 몸 풀어내는 소리"이다.

산꿩 울음소리

예전에도 저렇듯 절박했나

집 근처 어느 풀숲에서 우는 듯

쫓기듯
때로는 조바심에 동동거리듯
밑바닥에서 끌어 올려져
꺽꺽대는 소리
길었던 시간들에 방점을 찍듯
육십갑자 한 바퀴를 돌아
다시 서 있는
적막한 산꿩 소리
이젠 가까이서 귀를 때린다
가슴 한켠 서늘해진다
모를 심은 지 엊그제인데
늙은이의 잦은 기침처럼
산꿩 울음소리
가깝다

—「곡우」 전문

소리에 민감한 감각은 때로 이처럼 적막을 동반하기도 한다. 산꿩 울음소리가 예전과 달리 절박하게 들린다는, 새삼스러운 인식을 통해, 가슴이 서늘해지는 어떤 감각을 포착하고 있는 작품이다. 주지하다시피 시는 문학의 여러 장르 중에서 가장 주관적이다. 시적 자아와 대상이 어느 순간 일치, 동화되는 순간을 이른바 시적인 경험이라고 할 수 있을 것이다.

그런데 시적인 경험은 그렇게 거창한 것이 아니다. 가령 매일 무심하게 지나치던 기적 소리가 어느 날 문득 가슴을 칠 때가 있다. 혹은 우연히 눈에 든 나뭇가지의 미세한 흔들림이 온통 마음을 흔들며 어떤 조짐으로 다가올 때가 있다. 우리가 무심하게 지나치던 일상의 어떤 감각이 새삼스럽게 와 닿을 때 시적인 경험은 시작된다. 이 작품에서 화자는 예전에 듣던 산꿩 울음소리가 다르게 들리는 경험을 포착한다. 어쩐지 적막하고, 그래서 "가슴 한켠 서늘해진다." 곡식을 싱싱하게 하는 봄비라 하여 '곡우'라 이름 붙여진 절기에서 시인의 시선은 도리어 적막을 향하고 있는 것이다. 차현각의 시적 상상력은 이처럼 귀를 여는 감각과 함께한다.

2.

우리는 언제 어떻게 시에 매혹 당하는가. 오늘날처럼 디지털 과학문명의 홍수, 그러니까 컴퓨터와 인터넷과 멀티미디어 등이 대표하는, 속도 중심의 화려한 비주얼의 세계 속에서, 아날로그 시대의 읽기와 쓰기를 기본으로 하는 문학은 어떻게 존재하는가. 예술의 한 영역이라지만, 음악이나 미술이나 무용처럼 우리를 즉각적으로 끌어당기는 쾌락적이고 심미적인 맛이 없는, 문학이라는 이 엉거주춤하고 따분하기 짝이 없는 영역은, 그중에서도 특히 시라는 영역은, 과연 더 이상 설

자리가 있을 수 있을까 의심스럽게 된 지 이미 오래인데, 그럼에도 우리는 언제 어떻게 시에 매혹 당하는가. 사실 시를 읽고 쓰는 것은, 시를 읽고 쓰면서 시의 맛을 음미하는 것은, 매혹이라는 낱말이 무색하게, 참으로 읽는 자의 집중과 수고를 요구하는 일이 아닐 수 없다. 명멸하는 화면에 익숙한 디지털 영상 세대에게 시를 읽고 그 맛을 느끼라는 것은 고문에 가까운 일일 수도 있다.

그럼에도 시는 21세기 디지털 과학 기술 혁명의 전폭적인 진군을 묵묵히 감내하면서 우리들과 함께하고 있다. 겨우 명맥을 유지하고 있는지 모르지만, 그리고 그렇게 겨우 존재하기 때문에 더욱 귀하게 여겨야 한다는 당위적인 논리 때문인지 모르지만, 어쨌든 아직까지는 겨우, 라도, 있기는 있는 것이다. 생각해보면 세상의 모든 매혹은 그런 것 아닐까. 드물게 겨우 존재할수록 매혹은 더욱 찬란해진다. 밤하늘의 별똥별처럼, 아 별똥, 이라고 찬탄하는 순간이, 그야말로 찰나의 순간으로 명멸할지라도 말이다. 아니, 찰나의 한 순간이기 때문에 매혹은 더욱 반짝거린다. 시를 가리켜 순간의 미학이라고 하는 이유도 바로 이러한 매혹의 한 순간 때문이 아닐까.

밀란 쿤데라(Milan Kundera)의 소설 『불멸』에는 시가 어떻게 순간의 미학이 되는지를 잘 보여주는 장면이 나온다. 『불멸』에서 주인공 아네스는 어린 시절 아버지와 산책을 하며 함께 시 한 편을 큰소리로 암송하곤 한다. 어린 딸이었던 아네스는 물론 그 시의 진정한 의미를 깨닫지 못하고, 다만 시를 암송할 때의 강세와 운율을 재미있어 한다. 무엇보다도 아버지와 함께 암송을 하며 시의 리듬에 맞춰 산책을 하는 즐거움에 취한다. 오랜 세월이 흘러 아네스는 비로소 그 시의 진정한 의미, 그 작품이 죽음에 대해 이야기하고 있다는 것, 모든 생명이 필연적으로 맞이할 죽음과 그리고 휴식을 이야기하고 있다는 것을 깨닫게 된다. 쿤데라는 여기서 시의 천분이 무엇인지를 날카롭게 지적하고 있다. "시의 천분은 어떤 놀라운 관념으로 우리를 현혹시키는 데 있는 게 아니라, 존재의 한 순간을 잊을 수 없는 것이 되게 하고 견딜 수 없는 향수에 젖게 하는 데 있다."(밀란 쿤데라, 『불멸』, 김병욱 역, 청년사, 1992. 40쪽) 시의 매혹은 아마 이 자리 어디쯤 있을 것이다. 즉 존재의 어느 한 순간을 잊을 수 없게 하고 견딜 수 없는 향수에 젖게 하는 것 말이다. 이러한 존재의 순간적인 현현(顯現)을 일컬어 이른바 시의 에피파니(epiphany)라 할 수 있을 것이다. 차현각의 작품들에서도 우리는 바로 그 존재의 한 순간을 포착하는 시적 상상력을 만날 수 있다.

삼거리 마당 깊은 집
저녁 이내 속 양철지붕이 환하다
새 이불 홑청 갈아 씌운 듯

살구나무 아래 꽃그늘이다
바람도 없이 번져간다
어디에 숨어 있었나
상처에서 여린 살 올라오듯
저 빛은 혼자만의 색이 아니다
오래 서성거린 색이다
무심히 때로는 간절히
겹겹이 스민 저 빛깔을
다들 불러내고 싶을 거다
사라진 지붕들처럼
기억의 시간 속에서만 잠깐
속살을 보여주는 저 빛깔을

—「연두」 전문

이 작품에서 화자가 발견하는 빛은 '연두'라는 지칭의 낱말로 제시된다. 하지만 이때 연두는 과연 어떤 빛깔을 가리키는가. 이 빛깔은 우리가 크레파스나 물감 등에서 여러 다른 색들과 구별되는, 색채로서의 연두라는 이름과는 다른 의미를 갖는다. 흔히 말하는 연한 초록색이라는, 일반화되고 자동화되어 고정된 의미로서의 연두가 아닌 것이다. 이 연두의 미묘한 빛깔과 의미를 포착하게 한 밑그림은 "삼거리 마당 깊은 집/저녁 이내 속 양철지붕"이 "살구나무 아래 꽃그늘"에

채색된 모습이다. 이를 배경으로 하여 연두는 "혼자만의 색이 아니"며, "오래 서성거린 색"이라고 제시된다. 결론적으로는 이미 사라진 양철지붕들처럼, "기억의 시간 속에서만 잠깐/속살을 보여주는 저 빛깔"이라고 한다. 그러므로 이 작품에서의 연두는 그냥 연한 초록색을 가리키는 일반화된 지칭이 아니라, 기억의 시간, 즉 세월의 오랜 축적을 통해 내면에 인지된, 어떤 특별한 순간의 현현으로서의 빛깔을 의미한다. 그 순간의 미학이 반짝이는 작품이다.

마당가에 붓꽃이 한창 피고 있었다
햇볕 잠깐 마실 간 사이
누군가 마당을 다녀갔다
하얀 모시 위에 남보랏빛 잉크 자국
몇 번을 들여다봐도 선연한 자국
맨발로 뛰어나가 모시옷을 살펴보았다
누가 흩뿌리고 간 것일까
마당가에 쪼그려 앉아 곰곰 생각했다
움츠린 마음속으로 문득
붓꽃의 작은 봉우리들 일제히 열려
남보랏빛 잉크를 뿜어내며 꽃대가 흔들렸다
그 빛을 듬뿍 머금어
한 점 한 획 붓이 지나간 자리

하얀 모시옷이 그 붓길을
고스란히 받아내고 있었다
숨 한번 들이마시는 순간이었다

―「붓꽃」 부분

이 작품 역시 어느 '순간'을 포착하고 있다. 그것은 붓꽃이 피어나는 순간이기도 하며, 모시옷을 손질하다 인지하는 순간이기도 하고, 지난날 모시옷을 즐겨 입으시던 어머니의 기억이 함께하는 순간이기도 할 것이다. 화자는 "남보랏빛 잉크를 뿜어내"는 붓꽃들의 흔들림과 "하얀 모시옷이 그 붓길을/고스란히 받아내고 있"는 한 순간을 목도한다. 그리고 그것은 그야말로 "숨 한번 들이마시는 순간"이라고 제시된다. 이러한 한 순간은 우리가 매일매일 소모하고 흘려보내는 일상의 시간과는 다른 차원의 시간이 아닐 수 없다. 이 순간 속으로 과거와 현재, 어쩌면 미래를 향해 함께 열려 있는, 어떤 결정적인 한 지점으로의 집약과 확산이 동시에 이루어진다. 여기서 우리는 쿤데라가 얘기하는 시의 천분을 만나게 된다. 즉 존재의 한 순간을 잊을 수 없는 것이 되게 하고 견딜 수 없는 향수에 젖게 하는 데 시의 천분이 있다는 것이다. 이러한 존재의 한 순간이 갑작스럽게 현현하는, 어떤 고양된 정서를 포착한다는 점에서 시는 순간의 미학이라고 할 수 있다.

들판은 경계가 없다
한켠에선 누런 벼이삭들
가을볕에 겨워 빛이 바래가고
다른 한켠에선 다 베어낸 환한 논들
정갈하기만 하다
잘린 밑동과 털린 깻대가 함께
누워 말라가고 있다
늙은 아버지의 잔기침도 저랬었구나
바람이 쿨렁이며 몸을 뒤집고
누구의 그림자인지 자꾸만 몸을 바꾼다
주름투성이 골목길 그 그늘 속에 안겼을 때
고구마 자루 쌓아놓은 방구석에 웅크리고 누웠을 때
말소리 어눌했던 친구를 떠올릴 때
한때 목말랐으나 모두 비워내고
이제 꾸둑꾸둑 말라가는 모습
서로의 얼굴 바라보며 함께 늙어가는
내가 사는 아파트 옆에 펼쳐진 들판
이 도시의 가장 낮은 곳은 경계가 없다

—「이 도시에서 가장 낮은 곳」 전문

시적 순간을 통해 확인하는 것은 새삼스러울 수도 있다. 아파트 옆 들판, 가을 수확이 한창인 논들을 바라보며 화자는 문득 도시의 일상과는 다른 모습을 포착한다. 아파트는 도시의 삶을 표상하는 전형적인 건물이지만, 요즘에는 도농복합도시들이 흔해서 시골 들판 한가운데도 불쑥 아파트가 솟아오른 풍경이 그리 낯설지 않다. 그런데 우리에게 아파트라는 주거공간은 단순히 거처의 효율성만을 따진 건물이라고 할 수 없다. 그것은 층을 나누고 벽을 쌓으며 공간을 분할하여, 문을 쾅 닫고 들어가면 소통이 전혀 불가능한, 경계의 공간을 대표한다. 그런데 아파트 옆 들판의 가을 풍경은, 이처럼 서로 경계를 나누고 소통이 차단된 채 그저 더 높은 곳을 향하려는 아파트의 기세와 달리, "이 도시의 가장 낮은 곳"을 새삼스럽게 보여준다. 그것은 화자에게 "꾸둑꾸둑 말라가는 모습"으로 다가오며, 마치 "서로의 얼굴 바라보며 함께 늙어가는" 식솔들이나 이웃들의 익숙한 삶을 떠올리게 한다. 그래서 "이 도시의 가장 낮은 곳은 경계가 없다"는 시적 순간의 인식에 도달하게 된 것이다.

3.

우리는 차현각의 시세계에서 귀를 여는 감각이 두드러진다는 점과 존재의 한 순간을 포착하는 시적 상상력을 펼쳐 보여준다는 사실을 확인한 바 있다. 앞서 언급했듯이 세월은 지나온 자에게만 세월이어서 때로 우리를 회한에 잠기게 하지만, 한편으로 세월은 삶에 대한 연륜의 깊이를 동반하기도 한다. 차현각의 시에서 계절의 순환이나 24절기의 감회를 담은 작품들이 적지 않은 것도 이와 관련하여 살펴볼 수 있다. 무엇보다도 그의 많은 작품들에서 삶과 죽음은 서로 뒤섞여 경계가 무화된다.

출근길
영구차 행렬이 앞을 막아선다
새벽길 나선 걸 보니 먼 길 가나보다
조급한 마음은 망자도 마찬가지겠다
내 차도 함께 섞이어 간다
검은 리본을 단 장의차를 선두로
비상등을 깜박이며 뒤따라가는 차량 몇 대
남루하게 정갈하다
바람은 좋고 햇살도 부시다
때를 맞춘 듯 라디오에서 흘러나오는
요한 슈트라우스의 폴카
느린 듯 가빠지고
조용한가 싶으면 꽝꽝 터지는 축포

—「오월」 부분

초여름 햇살처럼

도로 위의 차들은 주저함이 없다
약속이라도 한 듯 뒤를 좇아 달린다
내가 따라가는 꽃집 트럭
짐칸에는 조의 화환이 가득하다
화환에 매달린 리본들이 부스스 일어서 아우성을 친다
색색의 저 리본들은 망자의 가슴에
훈장처럼 품고 다녔을 자식들의 명패일까
빛바랜 본인의 명함 한 귀퉁이일까

—「하루」 부분

집에 가는 저녁
버스가 정류장에 잠시 머문다
삼거리 어귀 조등이 걸려 있는 대문
하얀 꽃그늘이 서늘하다
젊은 아낙이 갔다고 놀라 수근대는 사람들
아이 혼자서 놀고 있는 마당은 지루하다
마당에 드리운 저 빛은 혼자만의 색은 아니어서
저건 자두꽃일 거라고 나는 끄덕인다
검붉은 껍질 속에 하얀 속살을 품고 있는
껍질을 벗기면 지나온 시간들
바코드처럼 붉게 박혀 있는 자두
산고의 흔적으로 가지마다 핏빛 머금었던 나무

그가 품고 있는 단단한 씨앗 하나
차창 너머 아이 웃음소리 들은 듯하다

—「자두꽃」 부분

인용한 작품들은 모두 일상의 삶에서 만나게 되는 죽음의 풍경을 소재로 하고 있다. 나날이 되풀이되는 일상의 삶 속에서 죽음은 이와 같이 의외로 가까이 있다. 삶과 죽음은 동전의 양면처럼 늘 함께하는데, 정작 우리는 삶에 집중하느라 그 이면을 살피지 못한 채 지나치는 것인지 모른다. 여기서 죽음을 바라보는 화자의 시선을 따라가기보다는 정작 담담한 관조의 태도에 주목할 필요가 있다. 물론 길에서 차창 밖으로 만나는 죽음은 정작 화자 자신과는 아무런 관련을 맺고 있지 않은 타인의 일일 것이다. 또한 영구차 행렬이든 조의 화환이든 조등이든 차창 밖의 풍경들은 그저 무심히 지나치는 일상의 한 모습일 뿐이어서, 애써 의식하지 않으면 아예 인지하지 못했을 수도 있다. 그런데 이 작품들에서 화자는 죽음의 이면을, 한편으로는 굳이 속절 깊게 들춰 상상하면서도, 또 다른 한편으로는 그것을 묵묵히 받아들이는 관조의 태도를 같이 보여주고 있다. 「오월」에서 화자의 출근길 자동차는 영구차 행렬과 한데 섞인다. 여기까지는 그저 우연의 행렬이 되겠지만, 마치 "때를 맞춘 듯/라디오에서 흘러나오는/요한 슈트라우스의 폴카"가 그 행렬의 배음으로 깔린다. 이러한 미묘한 시적 맥락의 설정은 「하루」에서 꽃집 트럭 짐칸의 조의 화환에서 "화환에 매달린 리본들이 부스스 일어서 아우성을 친다"는 상상력을 통해서도 확인할 수 있다. 「자두꽃」에서도 화자는 버스 차창 밖으로 문득 만난 조등과 함께 그 집 마당에 드리운 자두꽃 그늘 속에서 "아이 웃음소리 들은 듯하다"는 환청을 겪는다. 이 작품들은 이러한 미묘한 정황의 의도적 제시를 통해, 죽음을 자연스럽게 삶의 한 부분이거나 연장선으로 받아들이는, 여유로운 관조의 태도를 드러내고 있다. 죽음에 대한 이러한 관조 역시 세월과 연륜의 힘 아닐까.

압록강 가는 길에 꿈은 꾸지 않았다
단동행 관광 유람선을 타고
열세 시간을 요람 속처럼 흔들리며 복사꽃 떨어져 돌아가는
나는 그 길만 생각했다
압록강은 너무 가까이 흐르고 있었다
손 뻗어 닿을 그 거리에 말없이 있었다
강을 사이에 두고 서 있는 미루나무만 할 말이 많은 듯했다
이파리 일제히 손바닥을 뒤집어대자
누군가의 옛 일이라도 생각난 듯 웃음이 나왔다

건너편 강가에서 여자아이 셋이서 빨래를 하고 있었다
종아리까지 잠긴 가냘픈 체구가 병아리 물 먹듯 물속으로 가라앉았다 솟구치곤 했다
비쩍 마른 소 강가에서 한가로이 풀을 뜯고
밭을 일구느라 불을 피운 늙은 부부의 분주한 모습이
멈추어진 화면처럼 느리게 와 닿았다
제 그림자 흔들리는 마음까지도 보일 것 같은, 맑은 강물에 나도 두 발을 묻었다
내 아버지의 훌쩍 큰 키와 내 어머니의 바지런함을 닮아
늙은 가지 끝에 새들의 둥지 품어주며,
눈 밝은 편종 소리 들려주는 미루나무
내 아버지의 아버지의 아버지가 돌아가신 곳
내 어머니의 어머니의 어머니가 품고 계신 곳
부여 은산천 미루나무 둑길을 함께 걷자며 찾아오던 희미한 얼굴들 알겠다
도도히 흐르던 강줄기까지 이어진 한 줄기 길임을
언제나 서성이던 키 큰 나무, 홀로 떨구어져 찾아가 본 미루나무임을
압록으로부터 여기까지 흘러온 물길임을 내가 알겠다

—「미루나무 이파리가 흔들리며」 전문

멀리 중국을 돌아 연변을 거쳐 바라보는 압록강은, 가본 사

람들은 누구나 느끼는 공통의 정서이겠지만, 과연 "너무 가까이" 혹은 "손 뻗어 닿을 그 자리에" 흐르고 있다. 이 작품은 전반부에서 중국 단동행 관광 유람선을 타고 가본 압록강을 배경으로 하고 있지만, 어느새 배경은 바뀌어 "부여 은산천"의 물길이 제시되고 있다. 짐작컨대 부여 은산천은 화자의 선대들의 누대에 걸친 삶의 터전이었던 것으로 보인다. 흥미로운 것은 압록강과 부여의 은산천을 한 줄기 물길로 면면하게 인식하는 화자의 상상력인데, 이러한 상상력의 가교로 작동하는 것이 바로 "미루나무"다. 한국인들이라면 분단된 나라에서 중국을 통해 빙 돌아서 가봐야 하는 압록강은 과연 "강을 사이에 두고 서 있는 미루나무만 할 말이 많은 듯"한 회한에 잠길 수밖에 없다. 회한이 그저 회한에 그친다면 작품은 어쩌면 밋밋해졌을 것이다. 이 작품은 그런 밋밋함의 그늘을 용케 걷어내고 "압록으로부터 여기까지 흘러온", 누대에 걸친 삶의 터전이었던, 부여 은산천의 물길을 인지한다. 미루나무로 인해 화자는 압록강과 부여 은산천을 한데 이어진 면면한 물길로 깨닫고 있는 것이다. 이 작품은 이처럼 면면하게 이어지는 삶의 뿌리로서의 물줄기를 그려내고 있다.

서둘러 찾아가는 곳
아이가 입속에서 엄마를 궁글리다가
말이 되어 나오기 전 달려가 안기듯

허둥대며 가다 보면 어느새 잠기게 되는 곳
댐이 들어서기 전
까마득한 옛날부터 수만리라 불리었다는 곳
부적처럼 옆구리에 산을 끼고
중얼중얼 안부를 확인하듯 굽은 길을 돌고 도는 곳
오른편 띄엄띄엄 앉은 인가 저 너머 산들은
다가서다 머뭇거리다 또 어느새 눈물처럼 멀어지는 곳
얼마를 더 올라야 내려가게 되는지
잠시 멈추면서 만나게 되는 물줄기
그래 곤두박질치기 위해 서 있는 게 폭포지
좁아진 수직의 길을 아직도
잊지 않았다는 듯 주저 없이 내리꽂히는 곳
그제서야 내리막 외길을 휘청거리며 가는 곳
멀리 깡통난로 굴뚝 위로 흰 연기 가물거리고
난로 속 고구마 익는 소리 먼저 코끝에 달라붙는 곳
저 한쪽 구석진 자리에 등을 보이고 앉아서
아버지가 반은 흘리며 반은 넘기며 고구마와 커피를
드시는 곳
여덟 살에 아버지가 새로 만들어준 지게를 메고
저수지 너머 산으로 나무하러 다니던 시절
나뭇짐을 맨 채 아득해서 일부러 굴렀다는 곳
그 무섭던 아버지는 다친 데는 없냐 한마디를 하고

방으로 들어가 나만 혼자 그렇게 눈물 쏟아질 때
너무 일찍 철이 들었었다고 희미한 웃음을 짓는 곳
짓무른 눈꼽마냥 어눌한 말씨가
낡은 구두에 엉켜붙는 검불 같은 곳
서둘러 찾아가 만나게 되는 곳
물이 많은 곳
수만리 먼 곳

—「수만리」 전문

이 작품에서 '수만리'는 실재하는 지명일 수도 있고 화자가 꿈꾸는 상상의 공간일 수도 있다. 수만리라는 낱말이 가리키는 의미의 연상 작용으로 인해, 수만리는 물이 많은 곳으로서의 수만리이기도 하고, 수만리 먼 곳으로서의 수만리이기도 할 것이다. 화자는 그 수만리를 "아이가 입속에서 엄마를 궁글리다가" 떠올리는 곳이라고도 하고, "중얼중얼 안부를 확인하듯 굽은 길을 돌고 도는 곳"이라고도 하며, "다가서다 머뭇거리다 또 어느새 눈물처럼 멀어지는 곳"이라고도 한다. 또한 그곳은 "난로 속 고구마 익는 소리 먼저 코끝에 달라붙는 곳"이기도 하고, "아버지가 반은 흘리며 반은 넘기며 고구마와 커피를 드시는 곳"이기도 하며, "너무 일찍 철이 들었었다고 희미한 웃음을 짓는 곳"이기도 하단다. 이쯤 되면 수만리는 어쩌면 특정의 지명이라기보다는 화자가 돌아가고 싶어 하는, 모든 회고의 기억으로만 남은, 어떤 본향(本鄕)의 공간일 수 있다. 마치 백석의 「국수」 같이 유장한 어조로 이어지는 시행을 통해 화자는 "물이 많은 곳"이자 "수만리 먼 곳"이기도 한 '수만리'의 풍경을 되살리고 있다.

> 전미동 종점 가는 버스
> 초록이 손 내미는 길을 멈칫거리며 간다
> 굽어진 길 돌아서면 멀리 초등학교 보인다
> 능숙하게 내리막길을 가던 버스
> 미동도 없이 물속에 잠긴다
> 철없이 맑기만 한 하늘 재재거리던
> 새들도 물속에 잠긴다
> 멀리 종남산 너머 그 너머의 산도
> 검은 등허리를 조심스레 담그며 누워 있다
> 넘치지도 부족하지도 않은 찰랑거림
> 함께 가득한 것들
> 밀려나오는 듯 다시 되돌아선다
> 꺼놓은 헤드라이트 속에서 한 무리의 아이들
> 신호등 불빛을 셈하다가
> 물속을 달려 마저 사라진다
> 버스는 이쯤에서 지나온 길 되집어본다
> 바람도 비도 아직은 조심스럽다

논두렁을 스치며 버스는 느리게 움직이고
충만교회 옆을 지나치다가 큰 말씀이라도 엿들은 듯
귀를 세운다
넘치지도 모자라지도 않게 찰랑거리는 논물
함께 출렁이며 함께 잠기며 여기까지 온
충만함 아니냐고

—「유월」 전문

이 작품 역시 버스를 타고 가며 차창 밖의 풍경을 통해 얻게 되는 인식의 단면을 포착하고 있다. 화자는 차창 밖 논물에 하늘도 새들도 산도, 그리고 지나치는 한 무리의 아이들도 다 담겨 있다고 한다. 이 넉넉함은 버스가 "충만교회 옆을 지나치다가 큰 말씀이라도 엿들은 듯/귀를 세운다"는 장면에 이르러 극대화된다. 화자는 이처럼 "넘치지도 모자라지도 않게 찰랑거리는 논물"에서 "함께 출렁이며 함께 잠기며 여기까지 온/충만함"을 깨닫고 있다. '충만교회'의 건물명에서 비롯된 것으로 보이는 '충만함'이라는 표현은 유월의 시골길을 지나는 버스 안 화자의 내면 역시 충만하게 채울 것이다. 이러한 충만함의 발견과 확인을 가능하게 하는 것은 바로 세월과 연륜의 힘이라고 하겠다. 우리가 귀를 세워 "큰 말씀"을 엿들어야 하는 이유이기도 할 것이다.

차현각의 시집은 귀를 여는 내적 감각과 이를 통한 시적 순간의 포착을 통해 형상화된다. 이런 점에서 귀를 여는 힘은 차현각의 시세계를 지탱하는 한 축이라고 할 수 있다. 귀를 열어 이렇게 세상을 순하게 듣기까지 시인은 아마 오랜 세월과 연륜을 축적해야 했을 것이다. 그의 시집에서 귀를 여는 힘은 그러므로 세월의 힘이기도 하고 연륜의 힘이기도 할 것인데, 어찌 보면 귀를 여는 힘이 세월과 연륜의 힘으로 확산되었을 수도 있고, 또 달리 보면 세월과 연륜의 힘이 귀를 여는 힘으로 집약되었다고 할 수도 있겠다. 어쨌든 귀를 열어 세상을 듣는 시집 『귀를 열다』를 펼쳐보며, 우리도 가만히 함께 귀를 열어 조곤조곤 세상의 전언에 귀를 기울여 보기로 한다.

이 도서의 국립중앙도서관 출판시도서목록(CIP)은 서지정보유통지원시스템 홈페이지(http://seoji.nl.go.kr)와 국가자료공동목록시스템(http://www.nl.go.kr/kolisnet)에서 이용하실 수 있습니다.(CIP제어번호: CIP2018031579)

문학의전당 시인선 0294

귀를 열다

초판 1쇄 인쇄 2018년 10월 8일
초판 1쇄 발행 2018년 10월 15일
지은이 차현각
펴낸이 고영
책임편집 서윤후
디자인 헤이존
펴낸곳 문학의전당
출판등록 제2017-000002호
주소 서울시 마포구 마포대로 11길 91, 3층
전화 02-852-1977 팩스 02-852-1978
전자우편 sbpoem@naver.com

ISBN 979-11-5896-392-7 03810